LETRAS EN PAPEL DE VIENTO

María Jesús Lacárcel Carretero

LETRAS EN PAPEL DE VIENTO

Primera edición: diciembre 2025

EDITA:
Editamás, editorial y contenidos digitales

DEPÓSITO LEGAL:
BA-000755-2025

ISBN:
978-84-945811-7-5

MAQUETACIÓN, IMPRESIÓN Y PEDIDOS:
www.editamas.es
924 18 07 91

Dedicatoria

A ti siempre, mi pajarico,
mi inspiración eterna.

A todos los que me habéis animado
a emprender esta aventura.

A modo de Prólogo

Muchos autores no son conscientes de la importancia que tiene realizar un buen prólogo. Es el preliminar de la narración, es la introducción a un libro. Puede tener tal repercusión, que ojeando el mismo el leyente decide si continúa o no con su lectura. Debe provocar intriga en su mente. Es la puerta de entrada, así que descorramos ya el cerrojo.

"En uno de estos atardeceres querré hacerte una confidencia.

Donde jamás nos hemos visto juntos es donde más he notado tu ausencia"

Los libros nos encuentran, incluso antes de existir o de ser publicados. A veces, en su camino adoptan la contextura de relato oral que vamos transmitiendo aquí o allá en esos momentos en que alguien nos escucha. Luego, las palabras se van posando sobre el papel, pero sin intención de traspasar el ámbito de lo privado. Mientras, todo sigue su ritmo.

El proceso hasta la edición fue cuando menos curioso. Algunos dicen que tuvieron algo que ver, es posible, aunque creo que tan sólo fueron instrumentos del destino de una obra que estaba empeñada en brotar. Sin embargo, lo más sorprendente de ella es su frescura, porque la vitalidad del relato y su naturalidad te hacen sentir nostalgia de un presente que quieres hacer tuyo, aunque no te pertenezca y, por ello, sentimos que el lenguaje de la vida estriba en la grandeza de la sencillez.

"Que he podido olvidarte y no he querido,
porque fue tan real lo que sintiera,
que borrarte sería como quitarme un pedazo
de vida y no quisiera"

Hay momentos en que la Literatura posibilita dejar al descubierto el lustre de la vida. Ilumina los nimios acontecimientos que se producen aquí y allá y narra una forma de ser oculta sacada a la luz de la verdad. Es difícil encontrar sentimientos de tiempos pasados que no hayan sido reflejados por tantas voces sofocadas, a veces, con el paso de los años. Quién sabe si alguna autora novel se nos revele como discípula tardía regalándonos su buen hacer en una obra que cuente a las generaciones venideras, siempre de nuevo, las viejas historias de su presente efímero. Hoy es, probablemente, ese momento. En este día presentamos un nuevo estudio, una contribución al amplio bagaje de la poesía viviente, el título: "Letras en papel de viento" y su autora, María Jesús Lacárcel Carretero. Pero antes de hablar de su libro conozcamos un poco más a María Jesús, a esa mujer poseedora de un talante especial capaz de contemplar la vida y plasmarla en sentimientos.

"Despacio y sin prisas reconstruye los pedazos tan rotos de su alma,

la brisa le regala un dulce abrazo en esa soledad llena de calma"

María Jesús nace en Murcia, esa tierra que es huerta, en el verano del 56. Sus padres Jesús y Mercedes insistieron con gran énfasis en la idea de que sus hijos tuvieran la educación que ellos no habían podido recibir. En su fuero interno porta la huella, creencias, actitudes y comportamientos que supo legarle su madre, al igual que la capacidad para reconocer los sufrimientos, soledades y gozar de las escasas alegrías que la vida nos ofrece. Todo ello forjó el carácter de una luchadora. Sabemos que el afán de sentir la vida había de atraerla, irremediablemente, como la luz cautiva a las mariposas, porque allá en su alma palpitaba algo con igual intensidad de vibración. Ella se introduce en un laberinto donde no hay callejeros ni planos para orientarse, y aprendió de sus lecciones, de aquellas que no se pagan a ningún precio. Tal y tan grande es la utilidad que nos aportan.

***"De nuevo lo he encontrado en el camino,
ajeno a mi presencia y de espaldas,
su mismo caminar, su misma esencia,
ahí donde la mía no lo alcanza"***

Quizá deseara volver a los recuerdos de la infancia y adolescencia, a esas calles sinuosas donde la canícula es soberana y arquitecta de las horas. Al perfume de los naranjos exhalando el azahar por las avenidas de su ciudad, o al susurro ondulante de las fuentes que sonríen frescor, con la promesa de apaciguar esta sed que parece eterna.

En ese instante de la existencia en el que todos nos hemos visto reflejados devoraba libro tras libro en una suerte de periplo que sólo busca huir de esa soledad que se le hacía tan cotidiana.

"La luna está llenita de miradas
que murieron buscando una respuesta"

Sus ojos se adentraron en los tratados del amor y la vida y, quedó prendada, de cada una de sus frases y versos que esta le ofrecía como eslabones de una cadena. Seguramente, la escritura debió servirle para poner un paréntesis de paz en una escalada de acontecimientos aciagos y, se decidió a componer, a crear un texto excepcional en el que la prosa se entreveraba con poemas mediante la adición de ornamentos lingüísticos que recuerdan las complejas estructuras de mosaicos, molduras y bordados.

Ese interés en la poesía desde la niñez y, por influencia materna, ha hecho desarrollar un prolífico trabajo realizado tanto en castellano como en panocho, en el dialecto de la huerta murciana. Con un estilo, principalmente íntimo, ha experimentado en otras áreas como el costumbrismo regional. Ello le ha reportado innumerables premios en certámenes siendo reconocida su exquisita sencillez y valía en la exposición de los poemas tanto en su Murcia natal como en Badajoz, su tierra adoptiva.

"He mirado en el cesto de tus cosas,
aquellas que dejaste como huellas,
y he decidido darles vida útil,
sacarlas del desván de mi consciencia"

Tal vez su contenido consista en una reflexión sobre la esencia del amor, sus fundamentos y accidentes, una auténtica radiografía del ser que incorpora toda clase de peripecias: desde las formas de amar, a las señales que dan la pauta de que esto se ha producido y al dolor que supone la ruptura. Un amor que radica en la esencia del alma y que en afinidad solo desaparece con la muerte. Sin embargo, se advierte que las cosas exageradas hasta el límite producen los efectos contrarios. Así, apretar mucho tiempo la nieve no enfría, sino que quema; la alegría excesiva mata y, la risa prolongada produce lágrimas. El amor es una dolencia rebelde, cuya medicina está en sí misma, si sabemos tratarla.

Los filósofos modernos afirman que el tiempo es una medida de la felicidad sin paliativos. Para Platón, era la imagen móvil de lo eterno y algunos escépticos se limitan a decir que pasa y no vuelve. Todos tienen razón y, pese a ello, no logran dar una definición total y absoluta de ese misterio que esconde la sucesión de un universo de horas inalcanzable en sus vaivenes, semejante a un viento que empuja a veces, otras, acaricia y siempre mueve el mundo sin pedir permiso guardando el secreto de nuestra propia existencia. Y así, forcejeando con la realidad y los sueños, abrazamos el instante, dialogamos y sometemos la fragilidad en la vida al proyecto de ser mejores, de dejar una huella feliz de nuestro paso por el mundo haciendo de cada existencia una obra de arte.

"Pero no creas que, aunque exista herida,
a ser daga mortal no le alcanza
que, al nacer como flor humilde,
sobrevivo a las lluvias y a la escarcha"

Los versos que María Jesús Lacárcel Carretero ha vertido en *"Letras en papel de viento"* tras exhumarlos casi in extremis del terreno cada vez más duro de cosechar de la tradición contemporánea, se nos presentan, a la luz de todos estos paralelos, como densas encrucijadas de símbolos de muy extenso arraigo y de tópicos muy perdurables.

El futuro sumará, a estas breves y circunstanciales páginas de introducción, muchas más de análisis que irán descubriendo e iluminando más veneros, bastantes de ellos insospechados de esta poesía, y haciendo justicia a su inmemorial estilo no caerán nunca en el vacío. Pues, como clamaba Ibn Hazm: ***"Y es que, aunque queméis el papel nunca quemaréis lo que contiene, puesto que en mi interior lo llevo, viaja siempre conmigo cuando camino, conmigo duer-***

me cuando descanso, y en mi tumba será enterrado luego."

José María López Lacárcel

NANA PARA PALOMA

El sol ya va tejiendo
tapices de oro,
la tarde lentamente
busca reposo.

Duerme princesa,
la flor más chiquinina
de mi dehesa.

En brazos de una estrella
mi niña duerme,
palomita de nácar,
flor de Valverde.

Duerme mi rosa,
que esta noche la luna
tus sueños borda.
Esta noche te abrigan
tus dulces sueños,
sabanitas de abrazos,
plumón de besos.
Cose tu madre,
para que el dulce abrigo
nunca te falte.

Al rorro de una nana
duerme tranquila,
como dulce azucena,
jara encendida.
Nanita, nana,
Paloma de mis sueños,
tan esperada.

VUELVE AL RÍO

Vuelve al rio, buscador incansable
de la belleza que escondida guarda,
vuelve liviano, purificado y libre
del equipaje de la vida amarga.

Lleva sólo los besos y el abrigo,
de los que, a pesar de ti, te aman,
las risas, los abrazos, los te quiero,
la paz que merece el que descansa.

Vuelve al río que amante ya te espera,
llamándote desde su orilla mansa
y fúndete en un abrazo eterno
en sus fértiles limos y sus aguas.

Las aves que tú tan bien conoces
arrullarán con trinos tu morada
y la tímida flor de la ribera,
ha de ser tu más dulce almohada.

Vuelve al río, Marcial, vuelve a la vida
que el padre Guadiana nos regala,
y vivirás en nosotros, que del río
no podremos apartar ya la mirada.

A Marcial Jesús Hueros Iglesias, In Memoriam.

TOMA MI CORAZÓN

Estos mis pobres ojos que te vieron
cuando Infante tomé tu tierra mansa,
al pie del indómito Wadi al-Abyad
a las puertas de tu regia alcazaba,
heridos de amor por ti quedaron
mi bella entre las más bellas sultanas.

Mursiya, mi corazón de ti prendado
quedó para siempre ardiente dama,
feraz cual la ambrosía de tu huerta
de fértiles palmeras salpicada,
profunda cual tus recónditos valles,
altiva como altivas tus montañas.

Ahora mi corazón cansado y triste,
embalsama sus días de añoranza,
mi noble, mi leal, mi compañera
más fiel que los propios de mi casta,
confinado a no poder amarte,
más que en la sombra cruel de la distancia.

Por amor en voluntad escribo,
cuando me llegue la muerte solapada,
que mi cuerpo yazca donde dispongan
y que sean sólo tuyas mis entrañas
que, de este corazón enamorado,
seas abrigo y última morada.

Quiero volver a ti mi reina mora
por amor a mí ahora cristiana,

unidos al fervor por nuestra Madre
Virgen Santa María de Arrixaca,
y beber del crisol de tus culturas
engrandeciendo mi reino en la madrasa.

Quiero volver a sentir tu grandeza,
de sangre mora y pasión cristiana,
por la lealtad y nobleza de tus gentes,
Mursiya, cinco veces coronada...
Toma mi corazón en vasallaje
que nunca fuiste, por rey, tan bien amada.

Canto del Rey Alfonso X El Sabio
a su amada Murcia

LUNA CARMELITANA

Deshazte de las nubes y resurge,
derramando tu larga cabellera
de rayos de plata, sobre el puente,
esta noche hermosa luna llena.

Brilla con plenitud, astro nocturno,
con tu infinito cortejo de estrellas
y reina en la bóveda celeste
en esta incipiente primavera.

Y verás, como milagro repetido,
teñirse de rojo Murcia entera,
Y adorarás Luna Carmelitana,
la barroca procesión nazarena.

Y prueba el dulzor del caramelo,
que mitiga la infinita pena,
de la Pasión de Cristo, de sus llagas,
de la Preciosa Sangre de sus venas.

Y entre aromas de cirios y de inciensos,
bajo los pasos de preciosas maderas,
otra pasión, viven los nazarenos,
en silente y generosa ofrenda.

Que este Miércoles Santo es crisol,
donde armoniosamente se mezclan,
la Sangre de Cristo y el sudor
de los fornidos hijos de la huerta.

NAZARENO SILENTE

"Jueves Santo, Pasión en primavera
Ofrece Murcia, su sol, su cielo raso,
Silencio guardarás desde el ocaso,
El Cristo del Refugio ya te espera..."

Morado y negro viste el nazareno,
Al pecho, bruñido escapulario
Recuerda la Pasión en el Calvario,
Imagen de dolor que no es ajeno.
Alumbra con un cirio, y en su seno,
Llaga de amor le envuelve, cual sudario,
Oloroso azahar, que su nectario
Perfumará su caminar sereno.

El Silencio se va tornando duelo,
Zaherido marcha Cristo agonizante,
La oscuridad se extiende como un velo.
Alzan voces sus cantos hacia el cielo,
Camina sobre la muerte triunfante,
Arrodillado reza con anhelo.

...Regresando a casa, ya abatido,
Callado, entre el bullicio de las gentes,
Entrega aún, en gesto recogido,
Lágrimas y dolor, también silentes.

Dedicado con acróstico a mi primo, José María López Lacárcel, nazareno del Santo Refugio.

CAFÉ

Café, grande invento del maligno,
a los poetas hace que, a deshoras,
fecunden en sus mentes soñadoras,
evocadores versos con su signo.

Paren sus obras con aire benigno,
aman entre letras evocadoras...
Razones que resultan tentadoras,
a quien sabe que es arte fidedigno.

Puede que por café sean malditos,
en las míticas fuentes del Parnaso,
nunca sean tachados de eruditos.

Si temieren de algún modo el fracaso,
acaben como meros soldaditos,
reivindico el café, que no es mi caso.

TUS VERSOS

Tus versos, poeta, se han despedazado,
como se rompen las olas cuando golpean un arrecife,
convirtiéndose en blanca espuma.

Tus versos, rotos, desgarrados y fundidos
en un mágico crisol, por tu mano alquimista,
se han transformado...

Son fados, derramando su tristeza
por las viejas calles de Alfama,
alimentando con sus lágrimas
al indolente Tajo.

Son las llaves de la casa paterna,
en la ingrata tierra de Sefarad,
esa madre enajenada,
en nombre de un vengativo Dios, que no existe.

Son viento de levante, en la mora Mursíya
acariciando palmeras
y jugando a escondidas con la luna,
por los carrizos de la laguna.

Y son el agua fresca para las bocas sedientas,
la almohada placentera para los que anhelan soñar,
el abrazo esperado para alejar la soledad,
el delicioso manjar con que nos alimentas el alma.

A Juan Carlos García Hoyuelos, poeta ibérico.

LOCA VANIDAD

Se cruzaron sus miradas fugazmente...
Apenas un instante,
unos segundos robados a un largo día.

Él, sin que apenas se notara, -tenía compañía-
clavó en ella su mirada.

Ella, disimulando su sorpresa,
prisioneros sus ojos de las oscuras lentes,
le compensó con una tímida sonrisa.

Y la vanidad le hizo flotar sobre el suelo
mientras cruzaba como cada día
la vieja plaza.
No sabía si danzaba descalza
sobre las piedras de basalto
o si volaba cual paloma
con unos ojos que a su espalda se prendían.

Dobló la esquina ya desprendida de sus ojos
y la vanidad le hacía imaginar que la llamaba,
como sólo él la nombraba.

Luego, en la serenidad de la noche
y entre cibernéticas olas,
él le ofreció un lisonjero poema,
delicioso manjar para redondear su día.

Después, mensajes intermitentes,
cada vez más distantes, largos silencios
y al final indiferencia.

Rota de incomprensión y ausencia,
como un mantra un lamento repetía:
- Loca vanidad, era su última mirada
y tú no lo sabías.

NANA PARA ÁMBAR

Colibrí revoltoso
siempre jugando,
duérmete que la noche
ya está llegando.
Que gran fortuna,
el tucán en su pico
te trae la luna.

Ave del paraíso
duerme en mis brazos,
al calor y al abrigo
de mi regazo.
Ámbar, preciosa,
morena chiquitica,
mi bella rosa.

En brazos de su abuela
mi niña duerme,
cesa el canto yigüirro,
que no despierte.
Mi flor de Guaria,
el quetzal con sus plumas
tu sueño guarda.

Al rorro de la nana
duerme tranquila,
sueña con mariposas
y margaritas.
Nanita, ea,
duerme bien mi angelito,
bendita seas.

ANOCHE

En esas horas que el sueño comienza a enfadarse
y quiere obligarme a caer en sus brazos,
mis pestañas se revelan ante su presencia,
solamente desean ayudarme a permanecer despierta,
porque saben que, en esos sueños, sin permiso,
se apodera de mis sentidos ese amor prohibido,
que me acompaña en la sombra
de las paredes de mi alma.

Anoche...
Con el frío en mi piel y esos hilos dorados
que pausadamente comenzaron a caer,
se apagaron las luces de mi mirada,
mostrándome aquello almacenado
en la memoria,
mientras mis recuerdos entonaban al viento...
una dulce melodía.

Esos delicados susurros que envolvían a mi ser
y sin querer reclamaba a gritos unos besos.
Esos que con delirio te buscaban
en las calles desoladas
y regresaban con la abnegación de comprender,
que en realidad no me pertenecían.

Anoche…
como tantas otras te he soñado,
tu cuerpo entrelazado al mío,
sintiendo tus manos recorriendo
cada centímetro de mi piel.

La noche ha pasado
y ahora he despertado, con esa sensación de
haberte saboreado breves instantes,
quedando en mis manos este puñado de pala-
bras,
que te regalo.
No puedo callarlas porque alegran
y lastiman todavía.

UNA TAZA DE CAFÉ

Frente a una taza de café,
se desprenden vaporosas
sensaciones
que cubren mis párpados
entrecerrados...
atrapada en el recuerdo
de tus brazos...
quedo en silencio,
y sorbo a sorbo se deslizan
las emociones de esos momentos
que custodian las paredes calladas de mi entorno.

En el ardiente borde
dejo mis huellas
con la tonalidad sonrojada
de mis pensamientos...
y me atrapa nuevamente el ondulante ascenso
en su peregrinar inevitable;
mi espalda enredada entre tus manos
que, al imaginar en el presente
hacen surgir esta humilde inspiración.

Sobre esa taza de café...
asomada al fondo inconfundible
de tu mirada...hechizante mezcla
que con avidez reclamo,
vuelvo humedecer mis labios
queriendo pronunciar tu nombre....

Tersa y delicada porcelana
que acaricio entre mis dedos,
para delinear suavemente
su blanca geografía
y absorber su dulce
e inconfundible aroma...

Sabor a miel son los recuerdos,
al recorrer lentamente
los laberintos que guardan
mis anhelos...
Insinuantes destellos circulares
dejan una línea iluminada,
entre la realidad compartida
y las excitantes fantasías
que se forman en el alma,
cuando entramos en las dimensiones
desconocidas del ensueño...

QUIERO

Quiero tu voz en el velo de mi alma,
el destello de tu mirada,
el calor de tu piel en la añoranza.

Volar al paraíso y dormir en una estrella,
jugar a escondidas con la luna
y con las banderas de los barcos
en las noches serenas.

Quiero el regalo de primavera, de noches enteras...
de días sin tregua.

Quiero el abrazo de fuego, de baile de paisajes,
de caminos encantados,
de oasis de descanso...

Quiero amarte en el secreto… en el misterio,
quiero tenerte abrazado y reírte,
descubrir tu corazón encantado.

Quiero amar y callar que amo,
morir de amor…
vivir de amor soñando y dormir y soñar…
Y saber que sólo la luna está mirando.

TÚ QUE BRILLAS CON LUZ PROPIA

Nadie puede hacerte débil
porque naciste guerrera,
mujer de grandes virtudes,
la perfecta compañera.

Si a lo largo del camino
te han ido poniendo piedras,
perdona, que no han sabido
qué hacer con tanto, mi reina.

Tú que brillas con luz propia
y ensombreces las estrellas,
nunca olvides que eres faro
para tu hermana pequeña.

A ESTA HORA

No tuvo tiempo el alba de asirme las manos
para tomar el camino de la vigilia.

Antes se deslizó la duda y el temor de encontrarme
en un camino estrecho... otra vez.

La de tener que restringir mostrar por esta vía,
el montón de garabatos
que intento descifrar del alma,
la mía...

La de no saber si debo soñar con el corazón
valiente, de manos fuertes,
que no tema brincar obstáculos,
como el hacer puentes entre mundos distintos.

Como el dejar que la luz y el calor
se cuelen por las grietas y rendijas,
de aquellos espacios ocultos a la luz del sol...

El de estar volviendo a oír ese sonido de llaves en
una puerta,
que diseña la imagen de cerrado para ti
-quien sabrá por qué-...

No sé si a esta hora

los duendes juegan a probar si sé distinguir entre
mis viejos y estos nuevos caminos.

No sé si mi soledad está tocando la puerta
y no la he dejado entrar
hace mucho tiempo.

Sólo un aroma inconfundible a café
me recuerda que estoy aquí
con este cuaderno sobre mis piernas,
que quisieran estar rozando las tuyas
mientras retomo mi sueño...

AMORES QUE MATAN

El amor me sabe abandonada,
por los mares de ausencia que ha logrado,
ese tanto dar y no ser amada,
en un sueño loco y apasionado.

Cómo poder sentir sin ser besada,
cómo vibrar un cuerpo no abrazado,
cómo calmar la sed enamorada,
en un yermo desierto desahuciado.

Ni el cielo se apiada con mis preces,
ni tus manos mis lazos desatan,
sólo sé que mis sueños embelleces.

Como sé que te amo y lo mereces...
Y aunque sé que hay amores que matan,
yo me dejo matar, por ti, mil veces.

PEQUEÑA FLOR DE BATALIUS

A pesar de los inviernos
sigues radiando belleza,
pues es verano tu alma,
primavera tu nobleza.

Posees la virtud escasa
que te otorga la franqueza,
pequeña flor de Batalius
a la que le das grandeza.

La vida y sus avatares
te arrastran a la proeza
de luchar por los que quieres,
esa es tu fortaleza.

Julia, mi querida amiga,
noble por naturaleza,
nunca podré agradecer
como ahuyentas la tristeza.

CONTIGO Y A SOLAS

Al disimulo, precavida y sin saberte,
me encontré reflejada en tu sombra,
un hechizo permeable que encendió
el rugir de un motor quebrado
y descalza en vestiduras de conquista,
del trampolín salté
a la roca que te nombra,
ausente el nervio de lo prohibido,
calcé mi pie en la arena
con mi corazón prendado.

El manjar de tu conversación
y la autoría de mis versos,
delinearon la combinación perfecta,
inteligente y precoz hombre de múltiple virtud.

En el llano de un mágico telón,
desbordó la sensatez de una parodia,
en la pulcra silueta
de una imagen de amor selecta,
pariendo hoy la prosa religiosamente honesta
de un reflejo de mujer
que no pide perdón.

Y de lejos y de cerca,
entre las tapas de un libro antiguo...
Y de lejos y de cerca,
entre palmeras y virtuales olas...
Mis versos se acunan en tu ausencia...
Sin ti, pero contigo, embobada estoy,
silbando mi pasión a solas...

VERDE, BLANCA Y NEGRA

Sé que me quieres verde de aceituna,
blanca como la pluma de cigüeña,
negra como la noche sin fortuna,
cuando sólo tililan las estrellas
junto a los pálidos rayos de luna.

Sé que me quieres verde de esperanza,
blanca como la inocente mano,
negra como la oscura pizarra
amparando de lluvia los tejados,
mientras el negro picón se vuelve brasa.

Sé que me quieres verde cuando vibre,
blanca y honesta luz en el camino,
negra como un profundo aljibe...
Cuando luces rojas marquen tu sino,
yo seré para ti luz verde y libre.

FIEL ESTAMPA

Tú imafronte presidiendo la plaza,
fiel estampa de la expresión barroca,
la lluvia no consigue ensombrecerte
y si cabe, aún luces más hermosa.

Siempre has sido abrigo de mi vida
de mis pasos testigo silenciosa,
en los días oscuros y sombríos
y en los más radiantes de mi historia.

Y tu preciosa torre, cual vigía,
ceñida por siempre a la memoria
del pasado tan vivo en mi presente,
cuando escucho tus campanas de gloria.

UN PARAÍSO EN LA TIERRA

Cuentan que por la blanca flor de mirto
fuiste por tiempo nombrada Myrtea,
que en tu valle la flor del ar-rayhān
por doquier aromaba estas tierras.

Y fue aquí donde el emir Abd Al-Rahmān
para fundar la madina eligiera,
un lugar sobre el bravo Wadi al-Abyad,
que calmara a los hombres y sus guerras.

¡Mursiya, tú nacida musulmana,
creciste y alcanzaste la grandeza,
que admiraron las huestes castellanas!

Fuiste crisol de las tres culturas,
cuna de gente ilustre y rica huerta,
pasión del rey Sabio, que enamorado,
te dio su corazón por tu nobleza.

Es tan grande tu historia, tus raíces,
tú gran fertilidad y tu belleza,
que, por ser tan única entre todas,
eres un paraíso en la Tierra.

A UNA LINDA ROSA

A veces es realmente absurdo
manifestar querer... mientras arrancas
a una linda rosa de su tallo
y dejar sus espinas recortadas.

Sólo podrás ver que languidece
Y, aun así, te ofrece su fragancia,
porque así es su noble condición,
en su efímero existir en tu estancia.

Si dejaras a la rosa, ser rosa,
con sus hojas, espinas y en su rama,
sería más durable su belleza
llenando de perfume tus mañanas
y de ella brotarían semillas,
renaciendo otra vez porque la amas.

MIS ÁNGELES

Caminaban de la mano
la ternura y la inocencia,
en dos almas pequeñitas
inundadas de pureza.

El amor se hizo presente
en un gesto que te enseña,
que el apoyo y el cuidado
hacen más fácil la senda.

Juntos son grandes maestros
de las cosas más pequeñas,
y le tienen derretido
el corazón a esta abuela.

Sería mi gran orgullo
que estos dones no perdieran,
Juan David y Rafael,
mis ángeles en la tierra.

VERSOS IMPROVISADOS

Tal vez me haya gustado ese perfil,
ungido en ese aire de esperanza,
mar de romanticismo y lontananza,
amor que no desprende nada hostil.

Rimando, se adivina en tu figura
cariño acumulado en tu interior,
ocultos, intuyo a tu alrededor
sublimes versos y poesía pura.

Abril ya me encontró de esta manera,
caminando descalza por un sueño,
añorando vivir tu primavera...

Las flores exultantes a tu vera.
Figúrate cual será mi empeño,
improvisando versos de quimera.

UN SONETO Y ALGO MÁS

A riesgo de poder desmerecerte
remedando a Quevedo en mi poesía,
soñadora busca mi fantasía
el verso que consiga estremecerte.

No dudes ni un instante que, al quererte,
intento desterrar la hipocresía,
ofreciéndote seguir la travesía,
hilvanando mi suerte con tu suerte.

Un viaje de dos, por dos, amado,
en nave sin destino, a sus antojos,
remando hacia un futuro ilusionado...

Olvidando las cuitas del pasado,
siempre que tenga el brillo de tus ojos
Iluminando mi cielo enamorado.

Gentil hombre, pelo cano,
llévame de tu mano,
enséñame tu más tierna sonrisa,
soltando los temores a la brisa.
Invade con tus manos mi camisa,
ama conmigo las pequeñas cosas,
sobre días de vino y de rosas.

OCASO

Cuando la tarde acaba y se envuelve
de rojizos destellos de la estrella,
que se niega a vagar al oeste
sin dejar huella de su presencia.

Pero sucumbe y al fin desaparece,
que la noche al acecho ya está presta,
a reinar con sus sombras que estremecen,
completando así la eterna rueda.

Volverá a brillar el sol cuando amanece
y al ocaso la oscuridad ya reina,
una historia de amantes bien parece,
que se andan buscando y no se encuentran.

PROMESA

Aún revoloteaba el eco de tu voz
en la claridad de la luna,
como una dulce esperanza
en mi cielo adormecido.

Todavía podía sentir tu voz profunda
por esos caminos del aire,
como suave brisa que se asomaba a mi corazón,
latente de emociones e ilusiones nuevas...

Ahora puedo verte y sonreír de nuevo,
caminar de puntillas donde duermen
los sueños rotos,
que ya no quiero recordar.
Estás aquí como una luz,
como un rayito de luna,
que alumbra de nuevo mi camino,
para que pueda ver si el color del cielo
aún sigue siendo azul.

Estás aquí conmigo
y la distancia has destruido.
Estás aquí y sin saberlo,
has ahuyentado mis miedos,
regalándome cariño...
como el sol, que abriga con su calor.

Estás aquí como un nuevo poema,
como una dulce sonrisa,
como una promesa,
esa promesa deseada... Que eres TÚ.

ME GUSTARÍA

"Me gustaría
ser la rosa amarilla
de la suerte para ti.
Me gustaría
ser el aire que respiras
para vivir."

Me gustaría poder amarte sin posesiones,
sin juramentos ni promesas imposibles,
seguir tu vuelo
sin lastimar tus alas.

No deseo ocupar el lugar de nadie,
no lo necesito,
pero anhelo ese lugar
donde sólo nuestros corazones caben.

Ese rincón que no precise embellecerse
ni de paisajes
ni de bandas sonoras
para hacer nuestros sueños realidades.

Ese es todo mi horizonte,
que parece pequeño, pero es grande,
porque alcanzar lo que se ansía
es la felicidad, tú bien lo sabes.

POR TUS BESOS

Para la sed del alma enamorada
qué potente poder tienen los besos,
esos que ya tus labios los reclaman
y que erizan tu piel por el deseo.

Poder fundir esa pasión que emana
si tus labios se posan en mi cuello
y deslizas tus manos por mi espalda
llevándome hacia ti que es lo que anhelo.

Por tus besos, rendida y entregada,
después de haber llegado al mismo cielo,
que me beses la frente me desarma
porque te quiero así... tierno y perverso.

AHORA QUE ERES AIRE

Ahora que el reloj se ha desprendido
a granos de la inexorable arena,
ahora que los días son espejo
del anterior, como del que ya espera.

Ahora que eres aire y no me rozas
ni con la leve brisa ni tormenta,
que no importa el azul de las mañanas
ni la luna mostrando su belleza.

Ahora que los cuerpos son escombros
y tan sólo es recuerdo la belleza,
en días de alegría y alborozo
que han quedado mudos como piedras...

Ahora el corazón, de parte a parte,
enmudecido y rasgado se quiebra,
latiendo tan sólo con nostalgia
disfrazando con silencio su tristeza.

Ahora deberías permitirme
que te quiera callada, como ajena,
para no morir día tras día
navegando en los mares de tu ausencia.

SÓLO ELLA LO LLAMÓ AMOR

Eran mucho más que un deseado sueño,
eran pura energía de dos almas,
esa flor que renace en primavera,
la noche que se rinde a la alborada.

Un compartir café, una poesía,
palabras y silencios de almohada,
con sus manos colmadas de caricias,
que esperaban ser pronto derramadas.

Eran pasión negada a ser finita,
la vida con locura incontrolada...
Aunque sólo ella lo llamó amor,
lo fueron todo cuando no eran nada.

LO NUESTRO

Ni la noche con ojos de diamante,
ni la luz de la aurora, ni el lucero,
ni el río que descansa en el remanso,
ni los trinos cantores del jilguero.

Ni los rayos de sol que se entremezclan
con las verdes hojas del limonero,
ni la luna, testigo silenciosa,
ni el susurro lejano de un te quiero.

Ni esa fe, que mueve las montañas,
disfrazando lo efímero de eterno,
ni la lluvia fugaz, ni la tormenta,
ni los callados ecos del silencio.

Ni la risa que muere en la garganta,
ni el llanto que se esconde traicionero,
ni los días sin luz por nubes grises...
Nada podrá explicar cómo es lo nuestro.

ALLÍ

Te imagino allí donde el remanso
del río acaricia las arenas,
cuando el tiempo parece suspenderse
en las rosadas flores de la adelfa.

Allí donde los sueños están vivos,
bajo la tenue luz de las estrellas
y el reflejo plateado de la luna
mostrando su enigmática belleza.

Allí donde la noche torna en magia
el deseo, que aguarda con paciencia,
puestos tus ojos y tus suaves manos
sobre la redondez de mis caderas.

¿A QUIÉN PERTENECEN LOS POEMAS?

"Juega el poeta y parir intenta
unos versos que tus ojos no verán".

Comenzando a discurrir la noche
en la solitaria habitación del Crowne,
llego a preguntarme...

¿A quién pertenecen los poemas?
¿A quién los escribe?
¿A quién los inspira?
¿A quién gusta de su lectura?

El autor construye castillos en las nubes,
aspirando a la belleza
va sus palabras tejiendo,
con amalgama de lírica y sentimientos.

Quien lo inspira puede verse o no retratado en ellos,
aunque íntimamente sea su mayor deseo.

Quien los lee, conmovido,
puede llegar a sentirlos
tan cercanos,
tan vivos.

Puede que los poemas,
sean de todos y de nadie,
pero al final, honestamente creo,
que son los psicólogos los únicos
que obtienen rentas
de esta sensible y tenaz locura.

A SU DEBIDO TIEMPO

Para no morir de realidades
crea el hombre un hermoso cuento,
allí donde existen las bondades
en los mares sin fin del pensamiento.

Todo es una dulce fantasía,
pero quién sabe,
si llegó a vivirla algún momento,
que en su vida todo cuanto cabe,
es aire, que se transforma en viento
en medio de fieras tempestades…

Tornando a la calma, más atento
a evadir sus tristes soledades,
pero sólo a su debido tiempo

PEQUEÑA ORQUIDEA

Has vuelto a florecer pequeña orquídea
adelantándote a la primavera,
y has vuelto a competir con el jacinto
que tan sólo muestra sus hojas tiernas.

Desde el rincón querido en que floreces,
donde la luz te colma de belleza,
no sabes cómo vibra el alma mía
al mirarte en esas horas muertas,
que la lluvia golpea los cristales
y la nostalgia quiere ser eterna.

Parece que quisieras recordarme
que todo en la vida se renueva,
que hay más ilusión, más alegría
y que lo más ansiado aún me espera.

ROSA VENCIDA

"Va marchitando la rosa
vencida en el entretiempo,
¿Fue la lluvia, fue el viento?
Pregunta la mariposa".

Se adelantó el invierno linda rosa,
trofeo especial del jardinero,
aquél que te cuidaba con esmero,
en su jardín como a una bella diosa.

Más luego contemplaste pesarosa
que, en la alberca, allí junto al romero,
a otras flores mimaba el traicionero,
con idéntica mano generosa.

Si de otros aromas se embelesa
y no le fue bastante tu fragancia,
no esperes ya ternura ni promesa.

Que falso es el labio que no besa,
así que acaba el sueño con prestancia...
¡Oh flor que pretendiste ser princesa!

VIEJOS RECUERDOS

Hay días grises que sin querer envuelven
tú mente y sacan del olvido,
historias que hoy son sólo recuerdos
aquellos tan lejanos y queridos.

Entre risas, sangría y moraga,
noches en Cotopaxi con amigos,
en Cabo Cope los amaneceres
cuando el sol sobre el agua hace camino.

Calarreona en noches de San Juan
tomando un baño mágico y divino.
Cocedores y sus viejas cuevas,
quizá refugio del quehacer marino.

Aunque el tiempo cambia los paisajes,
éstos en mi recuerdo siguen vivos,
me traen la juventud a la memoria
y parece que nunca la he perdido.

ÉRASE UNA VEZ

Érase una vez, dicen que era,
aunque nadie supo los pormenores,
una sencilla rosa, que el destino
le otorgó plenitud en sus colores...

Y fue elegida por un cantor jilguero
para posarse y huir de los calores,
bebiendo de sus gotas de rocío
calmando con su néctar sus ardores.

Tanto le embriagó su dulce aroma
y sus suaves pétalos seductores,
que sus trinos a veces evocaban
las mieles que tienen los amores.

Pero llegó el invierno, todo llega
y el ave encogida de temores,
buscó su refugio en la muralla,
protegiendo sus alas de dolores.

Y la curiosidad, pasado el tiempo,
le llevó al jardín de sus fervores,
la flor que le amparó allí no estaba,
ni sombra de todos sus valores...

- Era mía, era mía, era mi rosa
y míos sus pistilos soñadores.
- Era... era... era... contestó el viento,
en ecos de amargos sinsabores.

Y esta es la triste moraleja
que tienen los seres voladores:
Ella pervive entre dos hojas de un libro...
Él no encuentra su fragancia en otras flores.

MISERY (IN STRAWBERRY FIELD)

A veces no es suficiente
por más que haya distancia,
porque ni estando a mil millas
le abandona la nostalgia.

¿Por qué viniste con ella,
si no estabas invitada?
Si no hubo despedida,
ni reclamos, ni palabras...

Hoy visita el santuario
que tanto significaba,
es un día frío y triste,
la humedad sus huesos cala,
suena "Misery" de Lennon,
sus letras le son amargas.

Esconde sus emociones
con un nudo en la garganta,
en este lugar que quiso
ver esa promesa dada...

Todo está como debía
y con alivio se marcha,
le perseguirá el recuerdo
como un lánguido fantasma.

COMO LA LUNA

Yo tampoco me escondo, no es mi modo,
como la Luna que adorna el firmamento,
puedo estar tras las nubes un momento,
combatiendo con ellas codo a codo.

Lo de Luna Menguante es un apodo,
una simple ficción del pensamiento,
ella sigue brillando en el intento
de buscar a sus fases acomodo.

Pero no, ni me oculto ni me escondo,
ni de ti, ni de mí, ni de la estrella,
pocos hay que al amar llegan al fondo...

Menos son los que amando dejan huella,
y el amor es redondo o no es redondo
y al amar, eres ella o no eres ella.

BRINDIS

Hoy brindo en silencio por la ausencia
y por ser una fecha señalada,
que sólo permanece en mi memoria
entre los restos de ilusiones vanas.

Me equivoco si pienso que he perdido
cuando sólo obtuve unas migajas,
a pesar de mi empeño, de mi entrega,
a quien me dio la cuenta por saldada.

Hoy sé que soy capaz, por eso brindo,
de dar todo de mí en cuerpo y alma
que, para devolvérmela en jirones,
tan sólo le bastaron cien palabras.

Esta es la ironía de la vida
que te suele jugar malas pasadas,
haciéndote creer que necesitas
a por quien hoy brindas en la distancia.

REGALO

Llegó justo a tiempo tu regalo
a mis zapatos puestos en la ventana,
un enorme mar de indiferencia,
donde pudiera ahogar mis esperanzas.

Más nado en aguas conocidas,
sin importar si es grande la distancia
y ya reposo en la opuesta orilla
del silencio, pues sobran las palabras.

Más por ser un alma impenitente,
me habrás de permitir decirte: ¡Gracias!
Que es noble agradecer a mano amiga,
tal presente que labre tu nostalgia.

Pero no creas que, aunque exista herida,
a ser daga mortal no le alcanza
que, al nacer como flor humilde,
sobrevivo a las lluvias y a la escarcha.

QUIMERA

No juegues a luchar contra el destino
si la realidad mata tu sueño,
porque la voluntad tiene su dueño
y la vida se vuelve remolino.

Recoge tu equipaje y haz camino,
aunque pusiste el alma en el empeño
de hacer grande lo que era tan pequeño,
vestido de dorado vellocino.

Deja atrás lo que era una quimera,
la luna alumbrará con sus reflejos
la densa oscuridad en tu carrera.

No olvides que es tu vieja compañera,
desde aquellos tiempos tan añejos
que otros dulces sueños acogiera.

LA LUNA ESTÁ LLENITA DE MIRADAS

No busques en la luna lo que ansías
ni, aunque te hipnotice su belleza,
ella es imparcial y sólo influye
en el ir y venir de las mareas.

Quizás en el pasado fue testigo,
de un incipiente amor, pero es discreta,
y nunca te dirá si hay otros ojos
que, en la noche, como tú, se consuelan,
de que ambos miréis la misma luna,
desde distintos lados de una senda.

La luna está llenita de miradas
que murieron buscando una respuesta.

COMO AGUA ENTRE LOS DEDOS

Suele ocurrir que en la vida
deseamos y no tenemos
lo que más nos ilusiona,
aquello que más queremos.

Pero tiende a ser efímero
lo que creías eterno,
y se torna en pesadilla
lo que antes era sueño.

Vida, buena profesora,
de soñadores e ingenuos,
bordadores de palabras,
fantasmas de los espejos.

Así te enseña arrogante
ese vacío tremendo,
cuando vas perdiendo todo
como agua entre los dedos.

ANATOMÍA DE UN SUEÑO

Por él aguardó en silencio
adornada de añoranza,
viajaba entre blancas nubes
por el sueño que anhelaba.

Por él detuvo su tiempo
y los años no contaban,
despojándose de olvidos
y de indiferencias claras.

Por él revivió a la luz
y al azul de las mañanas,
volviendo a la primavera
cuando el otoño llegaba.

Por él construyó un nido
en aquel rincón sin alma,
con sus días de alborozo
y sus noches silenciadas.

Por él renunció a ser todo
aceptando sus migajas,
transformándose en antojo,
deseo que pronto pasa.

Y ella, ahora egoísta,
vistiéndose con coraza,
no será juguete roto
en manos inadecuadas.

Nadie ha de gozar su piel,
nadie volverá a abrazarla,
nadie se verá en sus ojos
cuando mira enamorada.

Anatomía de un sueño
roto cuando más brillaba
y convertido en la sombra
que se pierde en la alborada.

CAMINOS INCIERTOS

En la vida, a veces caprichosa,
hay caminos inciertos que nos llevan
hacia el mismo lugar del que partimos,
como si se tratara de una rueda.

Caminos, unos días soleados
y otros días angostos y con niebla,
los que quieren llevarte a un nuevo cielo
y aquellos donde nunca dejas huella.

Y caminas creyéndote que avanzas,
aunque después observas con tristeza
que tampoco llegaste a tu destino,
como un ave de paso entre dos tierras.

UNA PAREJA DE BAILE

En la pista dispuesta por la vida
se encuentran otra vez dos personajes,
aquellos que una vez volaron juntos
cual hojas que se va llevando el aire.

Ella vestida de temida ausencia
le da porte a tan ingrato traje,
él se adorna de bizarro orgullo
oscuro como el tono de su traje.

Con una melodía evocadora
se vuelven a mirar por un instante,
aunque en sus ojos vague la nostalgia
no serán una pareja de baile.

REGRESO

Otra vez la carretera se abre
al ímpetu del viaje de regreso,
aunque ahora se vuelve insoportable
saber que nadie aguarda con un beso.

La distancia no sirve a la memoria,
ni la niebla que nace del desvelo,
para olvidar los encantados días
que acaso para alguien fuiste cielo.

Es un viaje de vuelta que te oprime
la mente enmarañada de recuerdos
y el corazón en gritos silenciosos
lamenta sus heridas sin consuelo.

Un regreso a vueltas con la vida,
a un mañana que no siente despecho,
de tenerlo tan cerca, tan distante
y vestido de olvido y de silencio.

VIEJA CIUDAD HERIDA

He vuelto a ti vieja ciudad herida,
pues ya urge el viaje y no quisiera
marcharme sin llevar en mis retinas
desde lo más grandioso hasta tus grietas.

He vuelto a caminar tus largas calles
y tus más escondidas callejuelas,
al encanto que tienen tus jardines,
a lugares tan llenos de tu esencia.

He vuelto a cobijarme en las paredes,
de aquel viejo rincón que conociera,
a descansar sobre la misma cama
donde entonces creí soñar despierta.

He vuelto a asomarme a sus ventanas,
para llenarme así de tu solera,
de tus viejos tejados, de tu plaza,
de la cúpula hermosa de la iglesia.

He vuelto a ti y sé que cuando marche,
he de girar hacia atrás la cabeza
para darte la última mirada,
cuando al frente la vida ya me espera.

TEMPUS FUGIT

De nuevo lo he encontrado en el camino,
ajeno a mi presencia y de espaldas,
su mismo caminar, su misma esencia,
ahí donde la mía no lo alcanza.

He sentido de golpe ese rechazo
a girarse buscando mi mirada,
tan cerca... tan distante, tan ausente,
tan distinto de aquél que me abrazaba.

He tenido el deseo de llamarlo
y su nombre se ha ahogado en mi garganta...
Tempus fugit que, nos ha convertido
en dos extraños sobre la mañana.

CONFIDENCIA

En uno de estos atardeceres
querré hacerte una confidencia.
Donde jamás nos hemos visto juntos
es donde más he notado tu ausencia,
aquí en esta playa tan tranquila
donde hasta la brisa se serena,
aquí es que quisiera yo contarte
lo que no pudo ser en tu presencia.

Que he podido olvidarte y no he querido,
porque fue tan real lo que sintiera,
que borrarte sería como quitarme
un pedazo de vida y no quisiera.

Y duele, duele mucho y tú lo sabes
el tener que vivir de esta manera,
pero los dioses no fueron propicios
a que aquello tan nuestro perviviera.

Y alguien puede pensar que estoy muy loca,
por colocar dos sillas en la arena,
una es para mí, pero la otra,
es para mis cuadernos de poemas...
donde habitas tan mío, sin quererlo,
porque eres mi inspiración eterna.

TUS PASOS Y LOS MÍOS

Ya sólo espero que transcurra marzo
y que aparezca abril con su belleza,
con sus claros matices, sus colores,
que sólo puede dar la primavera.

Que el azahar se sienta en el aire,
que broten las hojas en las moreras,
que la vida se vaya abriendo paso
dejando atrás el frío y la tristeza.

Que tus pasos alguna meta alcancen,
que los míos sean esperanza plena,
que los recuerdos sean tibios como el sol...
tan cálidos que aún la piel florezca.

TUS COSAS

He mirado en el cesto de tus cosas,
aquellas que dejaste como huellas,
y he decidido darles vida útil,
sacarlas del desván de mi consciencia.

Con tus abrazos coseré un vestido
que se ajuste a mi piel en primavera,
con tus caricias, fina lencería
que roce sutilmente mi silueta.

Con tus palabras escribiré mil versos,
con tus flores, una tiara de princesa,
que habrá de coronar amaneceres
cuando la soledad llame a la puerta.

Con tus silencios he de hacerme un velo,
para cubrir mi boca aventurera,
con tu ausencia, una playa enorme
donde las olas besen las arenas...

Y he de hacer una caja ignífuga
donde poder guardar tus confidencias,
con tus temores, he de hacerme un lazo
que adorne esta locura eterna.

Ya sólo me restará otorgarle
un buen destino a tu indiferencia...
Será mejor dejarla en el cesto
y que ese sea el fin de su existencia.

TUS OJOS

Son tus ojos un mar que has escondido,
esos que con los años no envejecen
y en los míos, hermosos permanecen,
tan preciosos e inmunes al olvido.

No creas que se trata de un cumplido,
pues mis palabras sólo obedecen
a soñarlos por siempre y
me parecen
dos soles cuando ya ha amanecido.

Pensar en tu mirada me desvela
aunque acepté, por amor, el desafío
de arder sin el calor de tu candela.

Aunque cierre mis ojos de gacela
en guardar tu mirada yo confío,
como en el viento confía la vela.

UN PRÍNCIPE A MIS OJOS

Un príncipe a mis ojos, sin castillo,
con mil sueños quebrados por cadenas,
forjado con estigmas de quebrantos
indignos de un alma que era buena.

Revestido de una férrea coraza
al amor se negó abrir la puerta,
por temor al dolor suyo o ajeno
al orgullo le confirió destreza.

Y orgulloso camina por el aire,
como aire recorre las callejas,
atento sólo a sí, a sus rutinas,
contemplando la vida como ajena.

Y en esta huida de sus emociones,
siempre habrá de encontrar alguna piedra
que le recuerde lo que no ha vivido,
que los sueños tontos siempre acechan.

UNA PRECIOSA HISTORIA

Nunca piensa que fue tiempo perdido
el que entregó a quien ya la olvidara,
porque fue una preciosa historia
inconclusa por falta de esperanza.

Ni cree que sólo fuera un pasatiempo,
cuando le ha dejado una enseñanza...
que es la de entregar sin esperar
que sea equilibrada la balanza.

Pensándolo en los atardeceres
lo imagina nadando en otras aguas,
más azules, más dulces... más serenas
que su mar de inquietas aguas bravas.

Ya no sueña ser la fiel Penélope
esperando a Ulises en la playa,
tejiendo y destejiendo sus poemas
y fingiendo que el tiempo no se acaba.

Despacio y sin prisas reconstruye
los pedazos tan rotos de su alma,
la brisa le regala un dulce abrazo
en esa soledad llena de calma.

AQUEL ABRAZO

Los días van pasando y en su rueda
todo vuelve a girar con cierta calma,
con momentos de paz, sin alegría,
que se mezclan con la inquietud del alma.

De nuevo, vestida de Penélope,
tejiendo y destejiendo su esperanza,
ha vuelto a descalzarse en las arenas,
allí, donde por olas son besadas...

Y espera, si de ese mar de ausencia
un día Ulises desembarcara,
con la firme calidez de aquel abrazo
que en tiempos más lejanos le entregara.

Pero el tiempo ya se ha tornado eterno,
pues perdidos entre conchas y entre algas
se fueron deshaciendo sus vestigios
y quedaron sin eco sus palabras.

Y resiste rebelde en el empeño
con esta soledad que le acompaña,
que ninguno de sus ansiados sueños
acabe en esa playa imaginada.

COMO QUIEN ALGO ESPERA

Con la mirada sobre el horizonte,
como quien algo espera,
la encuentran sola los atardeceres
varada en la ribera.

Leves curvas que dejan sus pisadas
marcadas en la arena,
evocan aquellas que, de otro tiempo,
son imborrable huella.

Y ve perderse al sol hacia el oeste,
llegar la luna llena,
quizás la suave brisa que la envuelve
le traiga una promesa.

Pero partió la barca hacia otros mares
de los que no regresa,
quedó su marinero hipnotizado
por cantos de sirena.

Las aguas que propiciaron su encuentro
se han vuelto un mar de ausencia,
cristalizan sus sueños en la orilla
con la esperanza yerma.

RECUERDOS

Los recuerdos serán dulces mentiras
cuando en el alma el derrumbe avanza,
como un bálsamo para las heridas,
disfrazando la realidad amarga.

Te harán soñar que aún tu piel florece
con caricias de esa mano amada,
que su aroma por siempre será eterno
en la nívea soledad de tu almohada.

No dejes que se pierdan por descuido,
que sean un abrazo en la mañana,
la dulce compañía de tus noches
y la luz que te guíe en la alborada.

Si ya sólo te quedan los recuerdos
vive de ellos, a la desidia gana,
como vive la musa en el poema
cuando el poeta a su musa ama.

FRENTE A UN ESCAPARATE

A pesar de la persistente lluvia
se ha parado frente a un escaparate,
que con trazas de espejo le refleja
una triste y desdibujada imagen.

Ella observa un libro que se muestra
con un efecto casi hipnotizante...
Ahí está el fruto de su obra
aunque no es como lo imaginase...

No poder compartirlo con quien quiere,
que está en un universo tan distante,
tan sólo con la lluvia que le cala
y con la soledad que hay en la calle.

ESO ES TODO AMIGOS

He de deciros: "Eso es todo amigos"...
Os dejo un centenar de garabatos,
esbozos son de aquellos sentimientos
que mi mano dibujó con suaves trazos.

Como nunca busqué fama ni gloria,
ni beber de las fuentes del Parnaso,
fue muy grato para mí parir versos
sin temor al fantasma del fracaso.

Más he de confesar que estoy cansada,
pues soy mujer que vive caminando,
mi carácter me pide que prosiga
pero mi mente reclama su descanso.

Si alguien, mi actitud no entendiera,
con gran gusto le presto mis zapatos,
pero advierto que son altos tacones
que, a torcerse no están acostumbrados.

Si encontrasteis algo de belleza
en lo que dejo en negro sobre blanco,
sabed que escondido entre renglones
también va mi agradecido abrazo.

Índice